SANGREM OS PORCOS,
DEPENEM OS FRANGOS

*Sangrem os porcos,
depenem os frangos*

Ivandro Menezes

© Editora Moinhos, 2018.
© Ivandro Menezes, 2018.

Edição:
Camila Araujo & Nathan Matos

Assistente Editorial:
Sérgio Ricardo

Revisão, Diagramação e Projeto Gráfico:
LiteraturaBr Editorial

Capa:
Sérgio Ricardo

Dados Internacionais de Catalogação na Publicação (CIP) de acordo com ISBD

M543s
Menezes, Ivandro
Sangrem os porcos, depenem os frangos / Ivandro Menezes. - Belo Horizonte: Moinhos, 2018.
68 p. ; 14cm x 21cm.
ISBN: 978-85-45557-35-7
1. Literatura brasileira. I. Título.

2018-1110
                                                 CDD 869.8992
                                                 CDU 821.134.3(81)

Elaborado por Vagner Rodolfo da Silva — CRB-8/9410

Índice para catálogo sistemático:
1. Literatura brasileira 869.8992
2. Literatura brasileira 821.134.3(81)

Todos os direitos desta edição reservados à Editora Moinhos
editoramoinhos.com.br | contato@editoramoinhos.com.br

Todos vocês, tal como eu,
fazem parte da grande matilha de pervertidos.
Roberto Menezes

Sumário

9 No princípio
13 Felizes para sempre
17 Calango
21 Frágeis tentativas de alcançar o ar
27 Jacarés banguelas não assobiam canções de amor
31 Não passa esse batom vermelho
33 Canção
35 Três meia zero
39 Para vidas simples não se erguem mausoléus
43 Rebelião
47 Manequim
51 Fogo Santo
55 Já te disse que mamãe era sádica?
59 Topo Gigio
63 O homem faz o que é preciso

No princípio

1 1 No princípio só havia o vazio. 2 Nele deus habitava em toda a sua plenitude. 3 A escuridão se espalhava por sobre a terra, 4 e nada existia entre as trevas e o abismo. 5 O espírito de deus pairava sobre o abismo, 6 vigiando, em silêncio, a velha serpente. 7 Deus disse, haja luz, e a luz veio a existir. 8 Separou os luzeiros. Dia e noite surgiu. 9 Deus disse, haja animais, e os animais vieram a existir. 10 Separou-os espécie por espécie, dando a cada um conforme o seu instinto. 11 Os animais habitaram terras, céus, rios e mares. 12 Deus disse, haja plantas, árvores e montanhas, e plantas, árvores e montanhas vieram a existir. 13 Todos as coisas que vieram à existência, viu deus que eram boas. 14 Vendo deus que estava sozinho, resolveu criar o homem. 15 Então, tomando um punhado do pó da terra, moldou o homem à sua imagem e semelhança. 16 Soprou em suas narinas e alma vivente se fez. 17 Vendo deus que era boa a obra de suas mãos, ordenou ao homem que nomeasse os animais, as plantas, os rios e todas as coisas existentes.

2

1 O homem nomeou todos os seres viventes, 2 mas seu coração encheu-se de tristeza, pois viu que estava só. 3 Na viração do dia, deus veio ao encontro do homem. 3 Vendo deus a aflição no coração do homem, disse-lhe: Dize-me o que te aflige. 4 Respondeu o homem a deus: Vês, de cada espécie macho e fêmea os fizestes, 5 exceto ao homem. 6 A ti é justo que o homem viva só? 7 Então, um sono profundo abateu-se sobre o homem. 8 Retirou-lhe deus uma de suas costelas. 9 Da costela do homem foi feita a mulher, 10 não de seus pés para que não lhe fosse inferior, 11 ou da cabeça para não lhe fosse superior, 12 mas da costela para que esteja sempre a seu lado e lhe sirva por auxiliadora. 13 Ao despertar, viu o homem a mulher, e alegrou-se. 14 Viu deus que era boa a obra de suas mãos. 15 Ao homem e a mulher, ordenou deus: Crescei e multiplicai-vos, povoai a terra que vos dou por herança. E subjugo a vossos pés. 16 Tudo podes fazer, 17 porém, não comerás do fruto da árvore no centro do jardim, a árvore do conhecimento do bem e do mal, 18 porque eu, o teu deus, vos proíbo.

3

1 O homem e a mulher multiplicaram-se sobre a terra. 2 Como era numerosa a sua prole, deus ordenou seu cuidado aos anjos. 3 Um dos anjos, a velha serpente lançada ao fundo do abismo, odiava o homem. 4 Ela corrompeu uma quinta parte dos anjos do céu, 5 que semearam a ambição no coração do homem. 6 Homens e mulheres inflamaram-se em suas paixões, 7 fazendo o que era torpe aos olhos de deus, que em sua mansidão e benignidade, tardava em irar-se.

4

1 Houve entre eles um pequeno grupo que resolveu roubar frutas. 2 Fartavam-se com goiabas, mangas, bananas, pitombas e carambolas. 3 Pouco ou nada restava aos demais. 4 Os filhos do homem começaram a murmurar. 5 Inclinou-se deus para os ouvir. 6 Na viração do dia, veio deus ao encontro do homem. 7 Dize-me, pois, o que vos aflige? 8 Respondeu o homem a deus: Há entre nós quem nos roube todas as goiabas, mangas, bananas, pitombas e carambolas. 9 Na manhã seguinte, deus, em sua benignidade, fez com que novos frutos brotassem. 10 Ninguém haveria de passar fome. 11 Os homens continuaram a murmurar. 12 Na viração do dia, veio deus ao encontro do homem. 13 Dize-me, por que ainda murmuram os teus filhos? Não vos dei o bastante? 14 Disse o homem a deus: A ti é justo que comam tanto quanto nós aqueles que transgrediram a tua lei? 15 Então, deus ordenou aos anjos trazerem os transgressores à sua presença. 16 Para que aos homens faça-se justiça, ordeno-lhes que os açoitem. E assim foi feito. 17 Porém, os homens ainda murmuravam. 18 Na viração do dia, veio deus ao encontro do homem. 18 Disse o homem a deus: Dize-me, ó deus, a ti é justo o açoite daqueles que nos fizeram perecer em escassez e fome? Melhor seria que nos abatesse e aos transgressores de tua lei preservasse a vida. 19 Então, deus, na presença de seus anjos, ordenou: Traze os transgressores à minha presença e arranque-lhes as mãos. 20 Depois, sejam eles acorrentados à beira do abismo, em que escondi a antiga serpente. 21 Porém, os homens ainda murmuravam. 22 Na viração do dia, veio deus ao encontro do homem. 23 Dize-me, pois, o que vos ainda aflige o coração? Não sou eu, o teu deus, justo? 24 Disse o homem a deus: Sim, tu és

a justiça. Contudo, é certo que a tua justiça poupe a vida aos transgressores da tua lei? Zombas de nós os justos, que observamos os teus mandamentos. 25 Disse-lhe deus: Ante a dureza de vossos corações, ordeno aos meus anjos que sejam os transgressores lançados aos dentes do Leviatã. 26 Os homens, enfim, celebraram a deus por finalmente ter-lhes feito justiça.

Felizes para sempre

Adelaide procura redenção em algum canto entre a brancura das nuvens e o azul celeste. Os xingamentos ficam cada vez mais distantes. O mundo oscila entre consciência e inconsciência. É acertada por mais um chute nas costelas. O corpo todo é uma só dor. Tosse e cospe sangue.

Já não espera que alguém a salve. Os heróis só existem nas histórias que o pai lia quando era criança. Príncipes loiros de olhos azuis como os seus, montados em corcéis, de espada em punho a enfrentar dragões e vilões pelo direito de arrebatar o coração das donzelas para, após um beijo, viverem felizes para sempre. Adelaide sonhava com o "felizes para sempre". A vida só lhe trouxe um ou outro vagabundo, um simulacro de amor justificado pelo sexo, pela vontade sempre definida pelos homens como mera necessidade.

Experimentou o amor como mau agouro, espécie de chave-mestra a abrir as portas de sua vida a qualquer um que lhe fizesse elogio. Queriam apenas levá-la a um motel, matagal ou a qualquer outro lugar.

A certa altura, cansou dos homens, passou a preferir meninos. Estes têm fome, vontade de descobrir e, principalmente, escassez de recursos. Não fazem escolha pela melhor ou mais bonita, mais cheirosa ou mais arrumada.

Embarcam na primeira transa fácil que aparece pela frente. Ensiná-los-ia a amar. Sentia-se "educadora de mancebos", como gostava de dizer. Tinha a erudição necessária ao jogo da sedução. Chamá-los mancebos a fazia parecer distante da mulher iletrada que teve de abandonar a escola aos quinze anos. Toda humilhação na vida é suportável, né, meu amor? Mas ser taxada de burra e ignorante... só a cruz de Cristo!

Os mancebos achegavam-se a ela para fazerem-se homens. Ela os tratava com carinho, provocando sensações inéditas e, de modo didático, ensinava-lhes como e onde tocar uma mulher. Foi a primeira vez de muitos deles.

Levou algum tempo para que percebesse que não se ensina homens a amar. Um daqueles mancebos a seguiu por quase quatro quarteirões implorando sexo. Tinha entre catorze e quinze anos, o único virgem entre os colegas. Ela cedeu e, na falta de lugar, escondeu-se entre as rodas de um caminhão estacionado numa rua pouca movimentada. Não durou mais que três minutos e o garoto, foi embora, peito estufado e cabeça erguida. Adelaide achou-se humilhada. Compreendeu que pior que ser chamada de burra, era ser realmente burra. Decidiu que não mais amaria homem algum.

Voltava da feira, quando quatro rapazes se aproximaram, as conversas de sempre. Seguiu ignorando-lhes. Ao passarem ao lado de um terreno baldio, um deles tenta puxá-la pelo braço. Sentiu algo atingir-lhe a cabeça. Olhou para baixo e viu uma pedra embebida no próprio sangue. Levou a mão à têmpora esquerda e percebeu a ferida. Ficou tonta e caiu. Um deles a puxou pelo pé, arrastando-a até o terreno baldio. Tentou gritar, mas foi atingida por um pontapé no maxilar.

Dois deles seguraram seus braços, outros dois as pernas. Lutou sem sucesso. Arrancaram suas roupas. Grita, uma mordida no peito. Ela resistiu, mas, após dominada, foi sodomizada – um após o outro, vez após vez, em meio a xingamentos e humilhações.

Perguntou o mal que lhes fizera. Eles sorriam, chutavam, cuspiam. Em vão, tentava se proteger com os braços. O estalo. A dor se espalha por todo o corpo.

Os dentes pintados de vermelho foram atingidos por uma pedra. Os olhos azuis buscavam, em algum recanto do céu, socorro e misericórdia. Tudo parecia ficar mais e mais distante. Adelaide percebia a morte se aproximar.

Não conseguia organizar os pensamentos. Sede. Na boca, o gosto ferroso do sangue. Zombeteiros, urinaram nela. Um deles cogitou defecar em sua boca.

Traveco de merda!, escutou pouco antes de morrer.

Calango

Se eu sei o que aconteceu? Saber, saber, não sei, não.
...
É o seguinte, doutor, na hora de colher os louros do nosso trabalho ninguém se constrange, né? A droga é apreendida, neguinho quer pousar pra foto. É secretário de segurança dando entrevista de peito estufado. Aí o governador aproveita pra engordar estatística no programa eleitoral. Todo mundo quer ser a mãe da criança, mas ninguém quer sentir as dores do parto. A gente é que faz acontecer. Se a gente segue as regras, nada acontece. Bandido só entende brutalidade. É nós aqui que botamo o nosso na reta, os guerrero aqui, entendeu?
Mas vocês sabem que precisam seguir regras. Bandido também tem direitos, pô. Essas abordagens ainda dão em merda.
O doutor tem razão. Agora a gente vai tratar o bichinho com carinho, oferecer lanche, perguntar se ele tá confortável na viatura. Porra, doutor, com todo respeito, bandido é a imagem do cão. Aqui mesmo, o senhor todo cumpridor da lei, tem dois processos, porque dois feladaputa se machucaram de propósito dentro do xadrez pra alegar que sofrero tortura. Logo contra o senhor que não admite essas coisas. Se fosse com...
Melhor não citar nomes.

Melhor não. Quanto menos o doutor sabe ou finge não saber, mais a gente ganha.

...

Olhe só, o doutor me chamou aqui por causa do desaparecimento dum feladaputa dum traficante. A sociedade tá aliviada com o sumiço do vagabundo. Isso lá é coisa pra perder tempo investigando? Pro povo é simples, é menos um na rua. O povo quer resultado, doutor, tão se lixando se foi na legalidade. Tá todo mundo cansado dessa bandidage fazendo o que quer. Até a gente cansa. A gente prende, o Judiciário solta. Desmoralização do caralho com a polícia. Se o Calango sumiu, o povo tá aliviado. Deixe isso pra lá, doutor. Tô dizendo.

...

Só quem deu falta desse escroto foi a porra dos intelectuais, aqueles professores universitários esquerdopatas que fazem a cabeça dos nossos jovens. São uns escroto defensor de bandido. Fala que é direitos humanos, mas quando um guerrero é abatido num chega um puto desses pra prestar condolências, nem exigir justiça. Agora morre um bandido, fazem um escarcéu com um moi de aluno que só aprendeu a fumar maconha e dar o cu. Por isso que o Brasil tá na merda. Bom mesmo era na ditadura, tinha ordem, tinha respeito. Não era essa putaria que tá hoje em dia! Era não, senhor.

Tu nasceu em oitenta e pouco e tá com saudade da ditadura?

Olhe, doutor, é o seguinte, a gente tá vivendo uma crise sem precedentes. Uma crise moral, uma inversão de valores. Bandido virou herói e polícia virou bandido. Os filho nem respeita pai, nem mãe. Se o pai mete o sarrafo, vem logo o Conselho Tutelar pra desmoralizar. Quero bater num filho meu pra porra de Conselho Tutelar vir me dizer o que fazer. Boto é pra correr debaixo de porrada. Quando o menor dá pra delinquente num vem um feladamãe cuidar. E ainda tem esses direitos humanos enchendo o saco. Quer direitos humanos? Seja um humano direito. Taí minha filosofia. Garanto que um filho bem-criado nunca vai ter problema com polícia. Hoje o professor entra em sala com medo de aluno. Porra é essa? Na Paraíba, uma aluna reprovou e o namorado quebrou uma carteira nas costas do professor. Desmoralização. A guerrera foi fazer prova fardada, a professora num deixou entrar. Fim de mundo, doutor. Se fosse um desses mofi maconheiro feladaputa, aposto que tinha entrado e ainda tinha fumado com ela. Duvido não, viu? É uma inversão muito séria de valores, doutor. Aí a gente trisca num escroto desse, vem os direitos humanos, a mídia, a porra toda dizendo que polícia é violenta. É de lascar, né não? Bando de escroto Só fala mal da polícia.

Oxe, e o Datena, a Shereazade, o Marcelo Rezende? Esse povo vive defendendo a polícia na televisão. Hoje o que mais tem é "jornalista" e radialista dizendo que a polícia tem mais é que matar, que direitos humanos é só para proteger bandido. Como assim, a mídia fala mal de polícia? Acho que você tá enganado.

Pode até ser, mas é minoria.

Você está aqui exatamente porque deu no rádio que foi a polícia que deu cabo de Calango. Parece que ele tinha uma namorada...

Uma putinha.

Pode ser, mas ela diz ter visto vocês saindo com ele na viatura. A Civil procurou, mas ela não se encontra na cidade. Viajou e ninguém sabe o paradeiro. Para constar, o dono da emissora falou da satisfação popular com o sumiço de Calango.

Então, só confirma o bom trabalho da polícia. O povo tá cansado, doutor, ele quer resultado.

Cá entre nós, o que vocês realmente fizeram?

...

Não precisa me olhar com essa cara de desconfiança. Sei como o sistema funciona, ou melhor, não funciona. Faço vista grossa, nem admito que aconteça no meu plantão. Conheço meus limites. Fora que não quero ser implicado nessas merdas.

Doutor, se o senhor quer saber mesmo, a gente deu cabo do desgraçado. Mas num era a intenção. A gente encontrou ele em atitude suspeita. Botamo na viatura e seguimo prum descampado. Um canto bom para aplicar um corretivo. Colocamo no saco, mas o feladaputa num abria o bico. Foi pro saco de novo. Chega o pé do vagabundo balançava. E ele, nada. Daí botamo a terceira vez. Às vezes, acontece do elemento desmaiar. Aí a gente dá uns tapinha de leve, joga uma água e ele volta. Só que Calango num voltou. O guerreiro errou a mão no saco e o felaputa bateu as botas. Fatalidade, doutor, uma verdadeira fatalidade. Demo na cara dele, jogamo água e nada. Tinha o que fazer mais não. Aí cavamo um buraco e Calango sumiu. Simples assim.

...

Agora, doutor, a gente nunca teve essa conversa.

Frágeis tentativas de alcançar o ar

Passava horas na cama, lendo, fumando e assistindo *Casos de Família* nas tardes do SBT. Os amigos o convidavam para um papo, um café, uma cerveja. Ele sempre recusava. Respirava fundo, meio sonolento e zapeava na programação cada dia mais desinteressante e repetitiva. Desistia e voltava aos livros esperando na estante.

A esposa, por quem continuava apaixonado, num e noutro pé vinha perturbá-lo. Falava para sair da cama, fazer alguma coisa, tomar uma atitude. E quando retrucava que estava lendo ou coisa do tipo, emendava "fazer algo útil". O fato é que não conseguia aceitar o marido ali deitado. Não conseguia disfarçar ou ignorar o incômodo causado por aquele corpo grande e gordo estendido sobre a cama. Suas idas e vindas o distraíam e tornavam a leitura desatenta e lenta. A esposa, que já fora bonita, parecia aquele *meme* da Gretchen com o Roy Hess.

Fazia força para não se irritar. Engolia os impropérios da mulher. Exasperada, imaginava-se arranhando-o, a chutar-lhe o rabo gordo e peludo. No fundo, esperava alguma reação. O silêncio do marido a incomodava tanto quanto a sua indisposição para o mundo. Soava provocador e revanchista. Podia suportar a paz do consenso, mas nunca a indiferença.

O relacionamento sempre fora fácil. As quase duas décadas juntos não amornaram a paixão, mas andava calado nos últimos meses, fazendo-a parecer mais ruidosa.

Como não houve um momento de ruptura, um evento a justificar o rarear das palavras, tudo foi se tornando mais difícil. Falavam apenas o essencial. As tentativas de conquista, sedução e sexo ficaram escassas. Quando muito, serviam para cumprir com a obrigação implícita de coabitação. Tudo em nome da aparente normalidade.

Sempre dormia antes dela vir para cama, e só percebia a sua presença ao acordar para fazer xixi na madrugada, quando dava de cara com a porta do guarda-roupa entreaberta.

Descobriu a traição há algumas semanas. A esposa estava transando com um rapaz da academia. Estava mais animada, com viço e serenidade. Vestia roupas mais curtas, justas e coloridas. Não raro a via sorrindo para o celular e disfarçando a cada vez que a surpreendia. Desconfiou, uma mulher de meia-idade esbanjando vigor e jovialidade só podia indicar um caso extraconjugal.

Devia enfrentá-la ou fingir ignorância? A esposa deve ter sido encorajada por sua inércia. Se houvesse de mensurar a culpa, a dele seria maior. Não via problema em querer e obter sexo. Ela estava conseguindo. As vantagens extrapolam as desvantagens. Fingiu não saber.

Detestava urinar em cima do xixi dos outros. Subia aquele odor do meio da poça amarelada no fundo do vaso sanitário. Marina não dava descarga. Alegava estar

ajudando o meio ambiente. Conversa fiada. Contrariado, decidiu dar descarga e continuar em silêncio.
Mas a porta do guarda-roupa entreaberta o irritava. Ele nada dizia, apenas fechava e voltava a dormir. Demorava a dormir. Sempre gostou do silêncio da madrugada. Ajudava-o a pensar, sem as constantes interrupções da esposa. Ela ronca, mas não reclama, um preço justo por algumas horas de paz.

Descobriu o amante da esposa entre seus alunos na universidade. Passou a observá-lo, sem levantar suspeitas. Se não fosse tão correto, tão ético, tão frouxo, prejudicaria o rapaz. Mas ele lhe trazia mais bem que mal. Merecia ponto extra.
Nunca cogitou o divórcio. Estavam juntos desde a adolescência. Foi sua companheira nos momentos mais difíceis e em todas as suas conquistas. Nunca a abandonaria por causa de uma aventura extraconjugal. Eram maiores que isso.

Fumava seu cachimbo no escritório quando chegou apressada. Foi até o quarto e viu a roupa da academia jogada ao pé da cama. Estava no chuveiro. Era bonita. Tinha um corpo jovem. Sentiu vontade de tê-la, mas desiste ao pensar no esforço tamanho de uma trepada no meio da tarde.
Perguntou se estava tudo bem, não respondeu. Perguntou uma segunda vez, ela começou a chorar. Entrou no box com roupa e tudo e a abraçou. Preferiu não perguntar o porquê, a resposta poderia lhe exigir uma reação indesejada.

O ar condicionado achou de não funcionar. A combinação ventilador e bafo morno tornava o corpo ainda mais pegajoso. Marina dormia profundamente. Costumavam brincar que ela não dormia, falecia e ressuscitava ao amanhecer. Às vezes, esse sono tranquilo e inabalável o irritava profundamente, mas preferia não reclamar. Quando o ronco estava muito alto, sentia vontade de empurrá-la para fora da cama. Nunca o fez.

Foi ao banheiro. O vaso cheio de urina. Deu descarga. Jogou-se debaixo da ducha na tentativa de aplacar o calor. Respirou aliviado ao sentir que a água estava fria. Não lembrava de noite tão quente desde que chegaram ao sertão baiano.

Voltou ao quarto com o corpo por enxugar. A porta do guarda-roupa entreaberta. Bateu a porta com força. Queria acordá-la e começar uma briga. Marina não se mexeu. Um sono pesado e indolente, quase deboche. Achou melhor conversarem à primeira hora da manhã, quando já estivesse mais calmo. Precisava se acalmar. Deitou, fechou os olhos, tentou dormir. Não queria se acalmar.

Olhou para a mulher. Era ainda mais bonita quando estava calada, sem reclamar. Tomou um travesseiro nas mãos e empurrou contra seu rosto. Sorriu ao ver seu corpo em espasmos, lutando para sobreviver, frágeis tentativas de alcançar o ar. Finalmente, o corpo sossega.

Seu rosto sereno e descabelado. Passou um pente em seus cabelos, deixou-a apresentável. Então, confessou saber que ela teve um caso. Não poupou detalhes. Está tudo bem, meu amor, a gente supera. Eu te amo e te perdoo. Sei de meu desânimo nos últimos meses. Admito que preciso, e vou, prometo que vou, reagir. Você vai ver.

Amor, posso te pedir uma coisa? Por favor, não deixa a porta do guarda-roupa aberta.

    Sentiu vontade de fazer amor, não por obrigação ou para manter a aparente normalidade, mas ela estava tão serena. Melhor não lhe incomodar.

Jacarés banguelas não assobiam canções de amor

Por minha culpa, minha tão grande culpa.

Ela gostava de deitar no meu peito. E tinha um jeito de olhar atiçando um homem, sabe? Não vou nem falar do sexo. Sou novo nessas coisas, não ia saber o que dizer. Tereza é que me ensina. Digo, me ensinava. Ainda não me acostumei com o fato dela ter partido, sabe? Parece besta o que vou dizer, mas ela era a mulher da minha vida. Não quero nem pensar como vai ser sem ela.

Um menino e um homem. Meu homem. Que loucura é essa, Tereza? Parece adolescente. Eu sei, eu sei. Mulher, isso não tem futuro. Só que entre saber e querer, cedo sempre à vontade de ficar com ele. Sei que é um clichê, mas me sinto viva. Viva pode não ser a melhor palavra, renovada, talvez. É isso, me sinto renovada, desejada. Ele me come por inteiro, com mãos, olhos, boca e pau. E é tão menino. Que loucura é essa, Tereza? Que loucura é essa?

A gente fez amor gostoso. Ela deitou por cima de mim. Fiquei olhando aquele corpão cheio de curvas pelo espelho do teto. Era corpo desses de mulher, sabe? Sem essa ma-

greza das meninas lá da escola. Disse que ela era gostosa.
Mulher gosta de ouvir dessas coisas, né não? Ela não falou,
mas eu acho que gostou. Acho que toda mulher gosta.

*Como conto pra ele que esse é nosso último encontro? Queria
ter um modo fácil de dizer. Não posso continuar. É loucura. Tem
o Alexandre, a escola, meus filhos. Imagina a cara de minha mãe
se souber de um negócio desses. Capaz de morrer. Ele me chamou
de gostosa. Meu Deus, é tão menino. Vou levantar, me lavar, pôr a
roupa e aí falo tudo de uma vez. A quem quero enganar? Nunca
foi fácil acabar um relacionamento. Relacionamento? Olha só,
Tereza, a que ponto chegamos. Burra, burra, burra. Isso não é e
nunca foi um relacionamento. Foco, Tereza, foco. Quando começou
era pra ser uma vez só, mas aí foi rolando e rolando e rolando.
Merda, tô toda enrolada.*

Não conseguia acreditar no que estava ouvindo. Ela
disse que não me queria mais. Eu falei que a amava e ela
respondeu que o amor é uma merda. Ela preferia o corno.
Falou que eu ainda sou novo e amaria outras garotas.
Alguém da minha idade, sabe? Como ela podia me dizer
essas coisas? De cara, minha vontade era de chorar. Assim,
contando aqui é que eu percebo que fui maior vacilão.
Ainda disse que amava ela. Sabe o que ela respondeu?
Amor é uma merda, moleque. Eu me tranquei no banheiro.
Fiquei dando um tempo lá. Se ficasse no quarto, acho que
ia chorar. Eu tava triste, sabe? Triste, mas triste mesmo.
Eu queria sumir. Depois, me senti usado. Aí a raiva me
pegou. Vontade de quebrar tudo. Juro que se tivesse uma
arma, tinha dado um tiro nela. Depois atirava na cabeça.
Na moral, entendo demais a galera que faz um treco desses.

Parece que a minha ficha só caiu agora. Queria ter sido menos rude com o garoto. Ele se trancou no banheiro. Aposto que está chorando. Não sei se... Melhor deixar quieto. Tadinho, acho que ficou com vergonha. Ai, Tereza, tome tento. Agora é tarde pra voltar atrás. Ele é jovem, um dia ele supera.

Nem pensei direito no que tava fazendo. Acho que ela tava distraída calçando os sapatos. Ela usava sempre o mesmo tipo, sabe? Sapatilhas sem saltos. Me contou que foi desde que os filhos nasceram. Tinha de correr atrás dos pestinhas, aí já viu, de salto fica difícil, né? As crianças cresceram, mas ela já estava acostumada. A gente riu muito das histórias que ela contava. Eu também contei as minhas, de quando era criança, sabe? Ela riu. Falou que eu devia ser uma gracinha.

Bati na cabeça dela. Não sei quantas vezes, mas acho que deve ter sido umas quatro ou cinco. Na hora eu tava cego. Só me dei conta quando a tampa quebrou. Era daqueles vasos acoplados. Peguei a tampa da descarga e quando dei por mim, ela já tava morta. Deu o maior remorso, sabe? Mas aí a merda já tava feita.

Eu não devia dizer o que vou dizer, mas eu fiquei feliz quando vi que ela tava morta. Aquelas coisas que a gente vê naqueles programas de psicopata, sabe? Se não for mim, não é de mais ninguém. Era isso que sentia.

Não queria matar ela não. Matei, mas porque estava apaixonado – e ainda estou.

Juro que tentei estancar o sangue. Eu já vi fazerem isso nos filmes, sabe? Só que não deu certo. Deu merda. Pedia para ela me perdoar, mas já era tarde. Mas alguma coisa aqui dentro de mim me diz que ela sabia que eu a amo. Acho até que ela deve estar feliz lá no céu junto dos anjos e santos e de Nosso Senhor Jesus Cristo.

    Ainda estou triste com o que ela falou, mas eu já perdoei. Ela disse que um dia eu ia me apaixonar de novo, que ia me apaixonar por uma garota da minha idade. Ia me casar, ter filhos e nem ia lembrar dela. Eu nunca vou esquecer dela. Ela é a mulher da minha vida. Vê se pode, me dizer uma coisa dessas. Pode até ser que eu apaixone um dia, mas eu nunca que vou me esquecer dela.

Não passa esse batom vermelho

Toda vez que ele aparece, Lídia abana o rabo como um bom cão à espera do dono. Entra em casa calado e indiferente. Ela correndo atrás de seus passos a recolher as peças espalhadas pelo caminho. Pergunta o que deseja para o almoço, ele responde fechando a porta atrás de si.
Sara apanha toda vez que ele chega e a comida não está pronta. É com colheres de pau, frigideira, cinto e peixeira. Ela se cala. Acha que está errada. Ele tem o direito de exigir dela a comida pronta quando chega do trabalho. A vizinha avisa, dia desses tu acorda morta, ao que responde, eu o amo e o amor vence todas as coisas. No fundo, acredita que é Satanás se levantando contra a sua felicidade. Precisa de mais jejum. Precisa de mais oração.
Glória carrega as cicatrizes do ciúme de Arnaldo. Já não veste as roupas que gosta. Só anda em sua companhia, mal encontra a família. Anda sempre de cabeça baixa. Ele a forçou a trancar a faculdade. Quando fala em concluir, ele a ameaçou, mato você e as criança.
Dolores sempre sonhou em ser atriz, mas não pôde porque o pai não deixou. Determinou usar apenas saias. Matou seus sonhos e, sem perceber, acostumou-se. Pôs nos lábios batom vermelho; de faca em punho, o marido orde-

na, tira esse batom que isso é coisa de rapariga. Hoje, órfã e viúva, ainda não veste calças ou passa batom vermelho.

Glória tomou os filhos, a roupa do corpo e foi morar na Bahia. Encontrou refúgio e casa nos braços de um novo amor. Ele nunca pergunta de suas cicatrizes. Também lhe trouxe a liberdade, quando de um tiro matou Arnaldo que a encontrou para cumprir as ameaças. Agora conhece a felicidade. Visita seu redentor todos os domingos no presídio de Paulo Afonso.

Sara queimou o feijão e apanhou. Chora largada no chão da cozinha. Levantou, botou água pra ferver e, enquanto o marido cochilava, a derramou sobre o rosto. Sara sorria ao ser algemada. Para ela, a prisão é sinônimo de liberdade.

Toda vez que ele aparecia, Lídia abanava o rabo como um bom cão à espera do dono. Entrava em casa calado e indiferente. Ela correndo atrás de seus passos a recolher as peças espalhadas pela casa. Já não as recolhe, permanecem jogadas no chão em que pisa. Seus passos sozinhos abandonados apagam-se sem que ela o persiga. O almoço sempre por fazer. Cansou de ser sombra para o assombrar. Sozinho, pergunta-se por onde andará. Sumiu no mundo. Será santa? Será puta? Que importa se puta ou santa, importa que segue plena, segue íntegra, segue fêmea.

Canção

Cheguei em casa e ela disse, matei as crianças. Pendurei as chaves, descalcei os sapatos e os arrumei junto à porta. Sentamos à mesa e tomamos chá com biscoitos. Era os biscoitos amanteigados que tanto gosto. Sorrisos e amenidades. Deitamos na cama para assistir uma comédia romântica, a mesma vista milhões de vezes. No meio do filme, fizemos amor. Entrelaçados, paz e suavidade. No cômodo ao lado, as crianças estão em silêncio, bocas abertas, pescoços cortados.
 Levantou-se. Há tempos não a via tão bem. Trouxe um pedaço de pudim. De bruços, bumbum arrebitado, pés cruzados para o alto, dorso elevado apoiado sobre os cotovelos, colherada após colherada, num mimo só.
 Acabamos por desabar na modorra da tarde. Despertamos no lusco-fusco. Animada, tomou a minha mão e nos amamos sobre a mesa de jantar. Xícaras ao chão, resto de café, migalhas, vestígios da última refeição.
 Me preparou o jantar, cantarolando uma canção conhecida, mas não consegui identificar. O café coado, dois ovos na fervura da panela. Tudo comido em silêncio, apenas o ruído da mastigação. Trocamos olhares e sorrisos. Ela

disse, não precisamos mais comprar cadeiras. Concordo com um leve aceno. Beijei-lhe a mão.

Lavei as louças, ela varreu a sala e a cozinha. Levei o lixo para fora, acenei para o vizinho. Ela cantarolava a mesma canção. Acho que era um jingle antigo, mas posso estar enganado. Não consegui identificar. Tomamos um banho demorado, ela esfregou minhas costas, eu, piadinhas safadas. Gosto de olhar os restos de espuma escorrendo da cabeça, percorrendo mamilos, barriga e coxas em direção ao ralo.

Três meia zero

Analice tinha uma faca numa das mãos. Levou a lâmina ao pescoço, cortando-o com firmeza. Uma cascata de sangue jorrava, tingindo os seios de vermelho, a barriga seca e encharcando os ralos pelos pubianos antes de percorrer pelas pernas finas até o chão. Alguns *likes*, outros tantos comentários. Há quem diga que era *fake*.

Enrico comia uma barra de cereais. Banana com chocolate. Havia acabado de chegar da corrida. Estava excitado. Fechou a porta do quarto, tirou a roupa e resolveu se masturbar. Não percebeu a *webcam* ligada. Se masturbava enquanto Analice cortava o pescoço no quarto ao lado.

Aparecida assistia ao vídeo de Enrico. Se admirava com o físico do rapaz. Pensava no marido que apenas a usava como receptáculo de porra. Aproveitou o vazio da casa para tirar a roupa e se tocar pela primeira vez. Os dedos desajeitados, despindo-se da culpa acumulada ao longo dos anos, encontra o jeito certo de fazer a carne tremular, subindo e descendo, no arquear das costas, na timidez de gestos e gemidos. Observava o modo como Enrico apertava a glande, fazendo-a inchar. A indescritível sensação do gozo. Pensa que é tempo de coisas novas. Nunca fez sexo oral. À noite o esposo terá um susto.

Nazaré assistia a Analice. No primeiro segundo, percebeu que iria se matar. Reconheceu no olhar da menina a mesma tristeza que trazia no seu. São anos de terapia e antidepressivos. Assistia atenta a faca sendo conduzida até o pescoço. Há nobreza no gesto de abrir a própria garganta, aguentar firme o sangue escorrer e só aí despencar no chão. Resolveu encher um copo de requeijão com vodca e engolir todos os comprimidos da cartela duma só vez. Deitou-se e adormeceu.

Luís, casado e pai de duas filhas adolescentes, gostava de assistir sexo entre rapazes. Deparou-se com o vídeo de Enrico em um desses *sites* pornôs. "Moreno da Paraíba com pau gigante". Clicou no vídeo. Tomou um susto, era um de seus alunos do 3º B. Botou o pau para fora. Fantasiava o sexo em sala de aula. Gozou logo. Sentiu vergonha e culpa. Rapidamente fechou a aba anônima do navegador. Quando soube da morte de Alice, decidiu se aproximar da família. Mentiu para si dizendo se tratar de empatia.

Felipe namorava Analice. Recebeu o vídeo em um grupo de troca e venda de produtos para bicicleta. Ninguém sabia quem era a garota. Correu até lá e encontrou as viaturas, ambulâncias e a multidão de curiosos. Não conseguiu se aproximar. Viu quando o rabecão do IML estacionou.

Letícia mostrou o vídeo para uns dez jovens do grupo de estudo bíblico. Usava-o como exemplo de uma vida vazia, sem sentido, sem valores. Uma vida sem Jesus é uma vida de desespero, depressão e morte. Cantaram um hino. Intercederam por consolo aos familiares e força aos que estão desesperados. Letícia não confessa, mas todos os dias se masturba assistindo ao vídeo de Enrico – sempre ao som de louvores.

Joana, mãe de Analice, já havia bebido meia garrafa de uísque. Tomou o ansiolítico e, quase ao adormecer, lembrou da filha, da faca, do sangue, do corpo caindo. Enrico a levou para o quarto.

Carlos abandonou a esposa. Cumpriu a estatística: 80% dos casais separam-se após a perda de um filho ou filha. Resistiram por dois meses. Foi morar com a esposa de Luís, o professor que sonhava em ter sexo com o aluno, Enrico, seu filho.

Clara fingiu não reconhecer Enrico. Tentou disfarçar o susto e, em seguida, o desconforto. Percebeu com algum incômodo os olhares lascivos do marido. Entropecidos pela perda, passou despercebido aos demais. Era bonito. Difícil admitir que o marido não a deseje.

Laila tremia ao assistir a amiga cortar o pescoço. Gritou ao ver o sangue escorrer. A mãe a encontrou no chão. Em algum lugar, acaba por lembrar da última conversa com a amiga. Sentia-se invisível e estava cansada de todos os problemas. Laila fingia interesse enquanto observava Felipe conversar com outro garoto. Haviam transado numa festa, depois que Felipe deixou Analice em casa. Vinham se vendo desde então.

Enrico fechou a porta do quarto, tirou a roupa e resolveu se masturbar. Não percebeu que a irmã caçula esqueceu a *webcam* ligada. Assim que gozou escutou um barulho no quarto ao lado.

Analice pegou a faca mais afiada. Entrou no quarto, tirou roupa, vestiu apenas uma camiseta branca. Decidiu morrer no quarto do irmão para que pudesse encontrá-la. Escutou a porta da frente. Sabia que era Enrico. Voltou ao seu quarto, ligou a *webcam*...

Para vidas simples não se erguem mausoléus

Letra I, vinte e nove, dois, nove, vinte e nove. Hoje você pode ganhar dois mil reais. Letra G, cinquenta, de rombo, cinco, zero. Ainda dá tempo de tentar a sorte, venha pra cá adquirir a cartela da próxima sexta, são cinco mil, dinheiro pra não passar o natal liso. Letra I, vinte, de rombo, dois, zero. Enquanto as pessoas seguem distraídas, o moleque vai afanando a bolsa das senhoras. O corpo magro e pequeno, marcado pela escassez daqueles dias quentes em Belém do São Francisco, braços abertos balançando de um lado e de outro mimetizando uma malandragem exposta na televisão. Esgueira-se por entre os espaços apertados em torno da barraca do bingo. A distração lhe garantirá uma boa colheita. Pode até comprar roupa nova quando os canarinhos vierem à cidade. As mãos miúdas, magras como a fome, coreografam do ar ao bolso os passos de tão perigoso balé. Ninguém se dá conta antes de ser tarde demais. Um homem irritado joga a cartela no chão. O menino apanha e, satisfeito com o tanto que apurou, passa a marcar o jogo. Letra G, cinquenta e quatro, cinco, quatro. Bati, grita sorridente. Uma noite vitoriosa para o menino. De tão acostumado as desgraças, estranha a sorte repentina.

A vida que conhece é leito seco de rio, é aridez de sertão, gado morto no pasto. Não sabe se comemora ou desconfia. Nunca viu tanto dinheiro. Tentam enganá-lo, mas é mais esperto do que a estampa mostra. Não pode ir para a casa com tanto dinheiro. A mãe diria ser roubado, apanharia. O pai cresceria os olhos e apanharia para vê-lo tomado. Lembra da senhora da lanchonete, aquela do trailer em frente ao Banco do Brasil. Explica que ganhou no bingo e pede que ela guarde o dinheiro dele. Dá um sorriso choroso e promete ao menino guardar o seu tesouro. Para quem nada tem, um não nada já é um absoluto, o menino sabia bem disso. Poder contar com a senhora era o seu não nada. Perguntou se estava com fome, levando-o para dentro lhe serviu coxinha e refrigerante. Ele comeu satisfeito e agradecido. Ainda tinha dinheiro consigo para comida e para comprar a roupa nova quando os canarinhos estivessem na cidade. Teria um natal feliz. Sonhou até com uma árvore iluminada e enfeitada. Se pôs a andar. Um longo caminho até as poucas casas existentes às margens da antiga pista de pouso. A escuridão cobre tudo. O prefeito nunca resolveu iluminar, mesmo com uma faculdade funcionando naquele ermo. O menino vai contente, iluminando as trevas com sonhos e planos no valor de dois mil reais. Tal qual os sonhos escorrem para a realidade foi tomado de assalto por dois homens que desejavam o dinheiro do prêmio. Espancaram o menino para entregar a quantia. Entenderam a recusa como resistência. Arrastaram-no para o mato que margeia a estrada em direção a barra, bateram e bateram, nenhum resultado. Sem nada mais a amedrontar, despiram o menino, ameaçando matá-lo. Cumpriram a ameaça. Cinco dias se passaram até que fosse encontrado o pequeno e esquálido corpo empalado e em decomposição, parcialmente devorado por urubus e outros bichos. A cidade comovida lamentava. O menino virou notícia, mas não lhe renderam homenagens, nem lamentaram ou celebraram seus feitos. Letra I, vinte e um, dois, um. Hoje é o dia da sua sorte, venha transformar seus sonhos em realidade. Vem pra cá, vem pra cá. Letra G, cinquenta e oito, cinquenta e oito, cinco, oito. Hoje é seu dia sorte. Hoje a felicidade baterá na sua porta. Vem pra cá, vem pra cá.

Rebelião

Meu pai? Que tem ele? Por que a senhora quer saber dele? Não, não, mas é que tem vez que num gosto de falar nele não. Ele era como um Jesus Cristo. Assim, era herói, mas morreu que nem bandido. Como ele morreu? Morreu numa rebelião lá no Roger. Arrancaro a cabeça dele. Mas ele num era bandido não! O que ele fez para ir preso? Ele matou um homem. Foi por maldade não, como essa gente ruim que passa no Datena. Faz tempo. Inda era menina quando aconteceu. Posso contar, se quiser. Num alembro de tudo, mas sei do que mãe falou. Devia ter dez ano. Num sou boa nessa conta de idade. Se eu tinha dez, Adriana, minha irmã, devia de ter uns seis ou sete ano. A gente morava lá perto da matança. Fica em Mamanguape, a senhora conhece? Pense num canto pra feder. É urubu, cão sarnento, uma peste de mosca e muriçoca e aquele fedor de fato de boi. Um horror! Pai trabalhava na pedreira e, quando era sábado e domingo, ele tirava coco. Subia num coqueiro numa ligeireza. Dava gosto de ver. Era de falar pouco, mãe também falava pelos dois. Juro por meu São Judas Tadeu, que a gente quase nunca ouviu a voz dele. Agora, era homem, viu? Nunca passamo fome. Isso não, senhora. Ele sempre fez questão da gente ir pra escola. Adriana chegou a formar professora, mas eu num gostava de escola não. Acho que eu era burra. Só aprendi mermo a fazer o nome, que num queria melar dedo nos cantos. Pai era sossegado, era de casa pro trabalho, do trabalho pra casa. Vez ou outra, tomava uma bicadinha. Mas só bebia na rua de casa, porque se mãe precisasse ele vinha logo. Foi lá que ele matou o homem. Era o dono do bar, num sabe? Alma sebosa. Deus me livre. A senhora acredita que ele vivia se enxerindo pra mãe? Toda vez que ela ia lá ou passava na frente, o cabra safado lhe soltava pilhéria. Mãe era pequena, mas era o cão. A bicha era franzina, mas tinha um rabão. Ninguém dava nada por ela, mas quando braba, vixe Maria, num tinha quem pudesse. Pois num foi que o homem cismou com ela e inda passou a chamar pai de corno. Foi só ela saber, mandou pai tomar providência. Mas ele num era de confusão. Mãe chamava ele de frouxo, coitado. Aí, ele vinha todo jeitoso, se esfregando, pedindo chamego. Oxe, ela botava pra rir e mandava ele tomar tento que nós tava olhando. A gente achava era graça, mermo sem saber o que era. O negócio complicou no dia que fomo na venda, eu e Adriana e o cão se enxeriu pra cima da gente. Tinha ido comprar fubá ou açúcar, nem alembro mais. Faz é tempo. A senhora entende, né? Nós entremo na venda e dei a lista que mãe mandou. Dissemo que pai pagava quando voltasse. Ele botou as coisa na sacola, mas quando a gente tava saindo, ele me puxou pelo braço e meteu a mão na minha saia. Aí ele cheirou e disse que eu já tava cheirando a moça. Fiquei com medo danado e botei pra chorar. Aí ele virou Adriana de cabeça pra baixo, parecia uma boneca virada ao avesso, juro por Deus, e disse... A senhora vá perdoando, mas ele disse que a tabaca dela era maior que duma jumenta. Nós chegou em casa chorando.

Mãe deu a bexiga. Pai nem entrou direito e ela já foi exigindo as coisa dele. A gente choramo tudo abraçada. Pai saiu calado e foi tirar satisfação com o safado. Parece que ele disse que tava bicado, pediu desculpa, zerou os fiado lá de casa e pai ficou sacisfeito. Mãe num gostou nadinha dessa história, inda mais depois que soube que ele tava chamando o pai de corno. Teve um sábado que pai parou lá. Ele tinha ido tirar coco. Tava co'a corda enrolada nos ombro e o rabo de galo na cintura. Já ia saindo quando o safado disse pra tomar a saideira. Vai não, corno, contaro que ele disse. Pai num quis e ele insistiu. Vó dizia que nessas hora o diabo atenta, né não? Aí ele jogou um copo de cana na cara de pai. A senhora sabe que ela era calmo. Mãe inté dizia que era frouxo. Mas dessa vez num teve calma, não, senhora. Ele deu logo uma facãozada no bucho dele. Dissero que ele inda tentou puxar a revólve, mas pai deu foi outra facãozada no pescoço dele. Foi feio negócio, viu. Mãe disse que a cabeça dele ficou pendurada. Mas a senhora sabe que pobre num tem defesa. A Justiça só é boa pra quem tem dinheiro. Condenaro pai a dezenove ano de cadeia. Mandaro ele pro Roger. Fica aqui em João Pessoa, a senhora conhece? Mas ele só ficou duas semana. Teve rebelião, aí mataro ele.

Manequim

01.
Tocava *Manequim* quando o primeiro tiro me acertou. Não entendi bem o que aconteceu. Senti um ardor e tudo ficou confuso. Lembro-me da briga que os impediu de seguir com o ensaio. O dono do LP era Afonso, Lucas era o Marcos, os outros dois queriam ser Nill. Assistia tudo do muro entre a minha casa e a do vizinho. O rechonchudo com cabelo de oca, vencido, saiu chorando e batendo o portão.
Como assistia a todos os ensaios e conhecia os passos da coreografia, fui convocado para substituí-lo. Aceitei na condição de ser Nill. Dançamos uma primeira vez e tudo fluiu com perfeição. Afonso colocou mais uma vez a música e quando chegamos ao refrão, ouvimos o estampido. Todos correram assustados. Não tive a mesma sorte.
Eu sou o Nill! Eu sou o Nill!, gritava em meio aos disparos.
As pernas longas e finas tremiam. A respiração mais curta e acelerada, a boca seca, os olhos paralisados. Pude ver os vizinhos assustados reunidos em torno do meu corpo lombrílico estendido no chão da sala. Minha mãe ou uma sombra longínqua dela me abraçou chorando, mas já não pude sentir o seu calor.

02.
Meu pai costumava procurar o lado bom das coisas. Transformou o luto num rito de passagem. Traçou metas. Dedicou-se a novos projetos. Fez da vida após a minha morte, um ato de devoção à continuidade do trabalho. Um tempo novo. Passo-a-passo enterrou-me. Guardou-me como a lembrança mais canônica de um amor despretensioso, perfeito e a título gratuito.

As mães não esquecem. Não podem e não devem vencer o luto. Se voltam a sorrir, precisam deixar vestígios de que a dor persiste. Como pode uma boa mãe esquecer o filho que morreu? Como deixar para trás a existência do sagrado fruto do ventre? Mães que esquecem os filhos são malditas. São piores que as que os descartam numa lata de lixo. Apagar o luto, enterrar o filho, não é a mesma coisa? Mães precisam morrer antes de seus filhos ou morrer junto com eles.

03.
Quando nasci, minha mãe largou o trabalho. Amava a sua independência, mas decidiu que seria sua missão, o seu projeto mais promissor. Dizia com orgulho fabricado ou conveniente que nunca deixaria outra mulher ocupar o seu lugar em minha vida, mesmo desejando estar longe. Maternidade é drama, cena mal dublada em reprise de novela mexicana. Mamãe interpretava bem as falas, exagerava nos gestos e tons para soarem genuínos.

A pressa em julgar a si é, por vezes, tão ou mais veloz que aquela com a qual julgamos aos outros. Resumiu-se ao ser mãe. Tudo o mais tornou-se secundário. Mães assim não amam demais, sufocam demais. Porém, nada disso se aplicava à minha mãe. Ela nunca me sufocou, e isso a encheu de culpa.

04.
Aqui de onde estou quase não a reconheço. A pele sem viço, as roupas sem bom caimento, a magreza exagerada. O rosto já não encontra o pincel, a cara lavada denuncia marcas de tristeza. Envelheceu. Arrastou a culpa como correntes amarradas aos pés daquelas assombrações dos antigos filmes em preto-e-branco.

Não suportava ver meu pai seguir adiante. Desejava feri-lo, arranjou força para casos extraconjugais. Precisava arrastá-lo ao calabouço escuro, úmido e frio no qual se encarcerou. Ele sabia, mas preferiu calar. Deitava-se a seu lado todas as noites. Cobria seu corpo quando estava frio – e ela sempre sentia frio.

Por noites, sentei ao lado deles. Penando e observando. Queria dizer que estava aqui. Transformar a minha existência em presença, mas esforço algum foi capaz de transpor a linha tênue entre o existir e o estar presente.

05.
Minha mãe acordou e ficou olhando meu pai dormir. Sorriu timidamente. Acariciou seu rosto. Chorou. Calçou as sandálias, estrategicamente postas sobre o tapete, levantou e seguiu até o banheiro. Eu a acompanhei. Lavou o rosto na pia e encarou-se no espelho. Tomou um susto e olhou em minha direção.

Sentou-se no vaso, levou as mãos ao rosto e chorou por uma hora ou mais. Meu pai despertou assustado, viu a cama vazia e correu ao seu encontro. Abraçaram-se por um longo tempo.

Em silêncio e lágrima, perdão foi pedido e concedido, embora houvesse muito a ser dito e pouco a ser perdoado. Entre eles, uma página em branco. Recomeço? Talvez. A ideia de recomeços é estranha, remete a um fim que ainda não existe. Não, não se trata de recomeço. Os nomes eram – e ainda são – desnecessários para definir, dizer, anunciar o que são um para o outro, sendo um e outro de si e para si mesmo.

Naquele dia, naquela hora, a minha existência deixou de ser eterna. Em mim, não pesa mais a necessidade de continuar existindo, ainda que continue. Minha existência ganhou a leveza de uma dança. Vendo-os ali, encontrados, achados um do outro, uma vez mais, dancei.

Fogo Santo

    Auricélia ficou por doida, a perturbada da igreja. Chegaram a interná-la depois do acontecido. Mas acho que ela fez bem. Às vezes, o sapo é muito grande para engolir e a gente tem de cuspir o bicho todo pra fora.
    Mulher, eu soube do ocorrido, mas desconheço os detalhes. Então, o marido dela era aquele dono da sapataria. Chegou aqui sem um pau para dar numa cachorra. Como era vistoso e evangelista dos bons foi caindo nas graças da liderança e no gosto das moças da igreja. Quando soube que o pai de Auricélia era estribado, dono de supermercado, com casas para aluguel e dinheiro emprestado a juros, cuidou de seduzir a moça. Começaram a namorar e, em menos de um ano, já propôs noivado. O pai, para ver eles crescerem, deu um dinheiro para começarem um negócio. Botaram um banco na feira pra vender sapato. O velho não quis ver a filha como feirante, comprou um ponto ajeitadinho preles abrirem a sapataria.
    A inauguração foi coisa doutro mundo. Tu tinha de ter visto. Tudo muito lindo, teve coral da igreja e coquetel. Lembra daquele deputado, aquele que era compadre do vice-prefeito? Como era mesmo o nome dele? Sei não, importa não. Sei que até ele veio. Foi uma festança danada.

Como eram jeitosos, o negócio deslanchou. Demorou nada pra contratar vendedor. Aí ela engravidou e foi se afastando. Nem pariu direito e pegou bucho. Foi quando arrumaram uma moça pra ajudar em casa. Era de igreja também, só que veio lá das brenha. Mas a danadinha era jeitosinha. Limpa, que só vendo. E, minha filha, cozinheira de forno e fogão. Só não sei quem se enxeriu pra quem, mas quando menos se esperava tavam era junto.

Disseram que ela teve depressão pós-parto e nunca mais ficou boa.

E justifica? Doida ou não, ele tinha de ser fiel. Casou pra saúde e pra doença, né não?

Mulher, foi verdade que pegaro ele com a boca na botija?

Se foi com a boca na botija, eu não sei, mas que ele passou outra coisa na botija, lá isso sim. Ela acordou de madrugada e o marido não tava na cama. Encontrou o dito cujo em cima da mocinha. Ainda teve a audácia de dizer que tava tirando o diabo dela. E precisava ficar nu para tirar o demônio?, ela perguntou. O cabra gaguejou e não sabia nem o que dizer. No outro dia, ela repetiu a história dele.

Cara de pau, viu?

Ô. Mas tá pensando que ela se fez de rogada? Foi procurar o pastor. Contou tudo, minha filha. Advinha o que aconteceu? Nada. O pastor ficou do lado dele. Acho que o dízimo falou mais alto. Disse para dar o divórcio e assumir a outra, que Deus não ia obrigar ele a ficar cuma doida, não. A coitada se desesperou, mandaram ela pro hospício.

Eu ainda lembro de passar e vê-la no meio da rua chamando gente toda lamurienta. A pobre vivia pedindo pra gente pedir pra ele voltar. Zanzava pra cima e pra baixo roendo as unhas, descabelada e engordando por conta dos remédios. Envelheceu sei quantos anos.

Pois foi. Agora, tem hora que me pergunto se a bicha ficou doida ou se fingiu esse tempo todinho. Mas ela deu o troco, foi não? Aproveitou um domingo de santa ceia, com a igreja apinhada de gente, quando fecharam as portas pra oração, aquela algazarra sem tamanho, ela passou corrente e cadeado e tacou fogo. Foi um ruge-ruge. Era gente gritando, as irmãs de saia chamando por Cristo, as criança chorando, e os homens tentando arrombar portas e janelas que não tivesse pegando fogo. Mas teve jeito não, morreu um bocado. Os poucos que saíram também tavam com queimadura. O safado queimou até morrer. A safada também. Só digo uma coisa, Deus é justo, né não?

Já te disse que mamãe era sádica?

Já te disse que mamãe era sádica? Sei que minhas irmãs detestam quando eu falo, mas é a verdade. Ela tinha prazer em nos bater. A gente via a cara dela de satisfação. Todos nós, os quinze filhos, levou cascudo, puxão de orelha e surra com o que ela tivesse. Todo mundo deu a ela essa alegria.

Não, não que fosse apenas a sádica. Ela também tinha um lado bom. Como qualquer ser humano, era cheia de contradições. Ainda que sádica, era também caridosa. Fora de casa, não havia quem não a conhecesse. Socorria famílias necessitadas e mesmo os ladrões da cidade se recusavam a roubar a nossa casa.

Lembro de uma vez que um rapazote, recém-chegado a Mamanguape, achou de roubar uma trouxa de roupa que quarava no quintal. Mamãe calçou os sapatos, gritou por meu nome e tomamos caminho rumo ao Sertãozinho. Não que precisasse de mim, mas a uma mulher casada não cabia andar sozinha. Mamãe era dessas que não dá seu direito a seu ninguém.

Bastou contar a uma de suas comadres. Ela assuntou com um e outro. Acho que duas horas depois, o rapazote, tremendo mais que vara verde, veio devolver a trouxa de roupa. Pediu desculpas. Cabeça baixa, olhos no chão.

Disse que não sabia que era dela e só roubou porque os filhos não tinham o de comer. Ela perguntou se ele queria tomar jeito, mandou comprar uma cesta básica e arrumou trabalho na padaria de um primo de meu pai.

Como dizia, mamãe era sádica. Teve uma vez que precisou sair para fazer uma visita. Não lembro agora, mas acho que era para a mulher de um preso que acabara de parir. Mamãe foi escolhida para ser madrinha. Ao chegar ao portão, virou-se para uma de minhas irmãs que brincava na rua e deu ordem para olhar o feijão no fogo. Entretida, fez ouvido de mercador.

Mal voltou, mamãe meteu um cascudo na cabeça de Angélica. A coitada encheu os olhos de lágrimas. Corou por apanhar na frente das amigas. Puxou-a pela orelha até a cozinha. Você olhou o feijão, Angélica? Olhei, mamãe, eu olhei. Você olhou mesmo, Angélica? Olhei, mamãe. Mamãe tomou a concha de alumínio que estava na panela e mandou que minha irmã estendesse as mãos. Começou a bater dez bolos em cada mão.

A temperatura da concha queimou Angélica, que gritava de dor. Mamãe continuava. Deus me perdoe, mas a sensação que tenho é de que ela gostava de ouvir aqueles gritos. Havia satisfação em machucar a minha irmã. A senhora que lavava roupas suplicava para que parasse, mas seguia surda a seus apelos. Só parou quando quis e, mesmo hoje, não entendo a sua medida para o suficiente.

A lavadeira, como era mesmo o nome dela? Enfim. A lavadeira a levou para o quintal, para longe de mamãe. As ordens expressas era de permanecer em silêncio, ou seja, papai não precisava saber do ocorrido. A coitada ainda teve de aguentar a zombaria de nossos irmãos. Chorou, deitada na cama, mãos enfaixadas. Nossa irmã mais velha tripudiava de Angélica. Tomou um baita cascudo. Quer apanhar também? Eu não... Então, cala boca! E se forem fofocar ao pai de vocês, juro que enfio um ovo quente na boca. Todos calamos.

Papai chegou ao meio-dia. Ela preparou fava verde. A comida dele era separada e servida primeiro. Nada mais justo, era o dono da casa, o chefe da família. Comemos arroz, farinha e galinha guisada. Todos em silêncio. Ele nos olhava desconfiado. Fazia bolinhos de farinha e fava e, em seguida, mergulhava no molho da galinha. Após o almoço, foi para o quarto. Gostava de tirar um cochilo antes de voltar ao trabalho. Cerca de meia hora depois, chamou por mamãe.

À tarde, após as tarefas escolares, costumava ir até a padaria. Fazia pequenos mandados e apurava um trocado. Sempre gostei de trabalhar e ganhar meu dinheirinho. Mamãe estava sentada no terraço fazendo crochê. Quando ia saindo de casa, já estava no portão, ela me fez voltar. Senhora? Venha aqui perto de mim! Ela veio até meu ouvido e me disse, eu sei que foi você. Gelei. Ela me olhou e, de imediato, soube que quando já tivesse esquecido, quando baixasse a guarda, ela estaria lá para lembrar.

Topo Gigio

No ano de 1988, fui o noivo da quadrilha. Marcela, a menina mais bonita da escola, a noiva. Éramos inseparáveis. Inventávamos dezenas de histórias. Nunca tinha morado em nenhuma outra cidade, mas lembrávamos felizes os tempos em que moramos em Fortaleza. Descrevíamos lugares, pessoas, brincadeiras, passeios e férias nunca vividos.

Marcela tinha cabelos claros que realçavam a pele morena e os olhos castanhos. Falava alto e arengava com meio mundo. Decorei seus gestos, cacoetes, gostos e expressões. Aprendi a decifrá-la. Por mais que me esforçasse, não conseguia tirá-la da cabeça.

Tamanha surpresa ser escolhido para noivo. A professora explicou que seguiríamos num cortejo pela cidade em carro aberto, decorado com bandeirinhas coloridas e motivos nupciais, até o local da apresentação. Teríamos que ensaiar bastante para tudo ficar bonito.

Marcela chorou, reclamou, esperneou, deu escândalo. Um noivo magricela, com orelhas de abano e cabelo pixaim está longe do príncipe encantado que uma menina linda sonha por noivo. Até a mãe dela foi conversar com a professora, mas Dona Lúcia foi irredutível, explicou que poderia substituí-la. Sem jeito, ficou tudo como estava.

Fui o primeiro a chegar na noite da apresentação. Usava um jeans com remendos coloridos que minha mãe costurou, camisa xadrez, terno largo e desajeitado, um bigode e costeletas pintadas com lápis de olho preto e, na cabeça, um chapéu de palha novinho comprado na feira.

O tal carro aberto não passava de uma daquelas carrocinhas acoplada a traseira de uma caminhonete. Enfeitada com bandeiras coloridas feitas de papel seda. Havia um arco de palhas de coqueiro trançadas adornado com flores naturais.

Ao chegar, Marcela atraiu todos os olhares. Estava radiante. Vestia um vestido branco rendado e acinturado e o véu branco preso a uma coroa de flores, deixando entrever algumas poucas mexas do cabelo. Seu rosto ficou ainda mais bonito com aquelas bochechas róseas e os lábios delicadamente desenhados e preenchidos pelo batom vermelho. Reparava em cada detalhe. O coração zabumbava dentro do peito.

Nanal, o fotógrafo, veio e, daquele jeito divertido que tinha, pediu que déssemos as mãos. Naquele jeito divertido que tinha, pediu que déssemos as mãos. Já não restava tensão alguma entre nós.

Subimos em nosso *cosplay* de carro alegórico. O carro de som de Lula tocava a todo gás os forrós de Gonzagão e anunciava a passagem dos noivos da Escolinha Bibi. Tudo pronto, noivos conformados e felizes, vem o cão para lançar seus dardos inflamados, quem casa na quadrilha casa para a vida toda. Bastou ouvir essa leseira para Marcela emburrar. Danou-se a fazer pantim. Disse que não dançava mais, que não seria noiva de um Topo Gigio.

Todos riram ao ouvi-la. Não vou mentir, quase chorei. Ninguém tem culpa por ter orelhas de abano. Não se caçoa daquilo que não se escolhe, das coisas inevitáveis, involuntárias. Minhas orelhas podiam ser operadas, mas para a idiotice ainda não inventaram cura.

O cortejo seguia pela cidade. Marcela acenava sem vontade. Não tinha sorriso. Eu fingia.

Toda a escola nos esperava em frente ao Esporte Clube Mamanguape. Os rojões anunciavam a nossa chegada. Olha pro céu, de Gonzaga, tocava nas alturas e as pessoas dançavam e batiam palmas. Com cavalheirismo ensaiado, deixei com que a noiva tomasse a frente para descermos. Quando estava em posição, a empurrei com toda força. Marcela caiu com a cara no chão, quebrou dois dentes e ficou toda emporcalhada. Quem mandou me chamar de Topo Gigio?

O homem faz o que é preciso

Filipe, o meu melhor amigo, é um cara extraordinário. Queria ter um adjetivo melhor para descrevê-lo, mas as minhas limitações, dada a pouca leitura – só leio o essencial para o trabalho – me impedem de ter vocabulário mais vasto. Ele teria a palavra apropriada. Vivia anotando verbetes numa caderneta que trazia no bolso da calça. O que lia ou ouvia anotava. Dizia que assim ficava mais rico.

Lembro da noite em que disse, Um homem faz o que é preciso.

Há um ano e meio sem emprego, se virava como podia, mas o dinheiro nunca era o bastante. Além disso, tinha as cobranças da mulher, que acabara de engravidar.

Parece praga essa de pobre engravidar quando se está mais lascado, dizia entre o riso nervoso e a ironia.

Também, com uma mulher como a tua, o sujeito quer mesmo procriar. Uma gargalhada frouxa, outro gole de Padre Cícero.

Tenho medo de morrer. Se algo me acontecer, promete que não desampara minha esposa e filhos?

Porra é essa, Filipe?

Nada demais. Não é que esteja morrendo ou coisa assim... A verdade é que não tenho medo de morrer. Tenho medo de deixar minha família desamparada.

Velho, esse tempo nebuloso vai passar. Essa crise desgraçada há de passar. Daqui a pouco, tu tá empregado.

Sei, sei.

Falo sério. Tu acha que ia bancar o mentiroso? Sempre vivemos em crise. Beiramos cair no fundo do poço, mas logo a gente se recupera, se reinventa. Esse golpista desse presidente um dia cai. Tenho certeza. Se não acontecer, os livros de História nos farão justiça.

Não quero justiça, cara. Inda mais a dos livros de História. De que me serve a justiça? Justiça nem enche barriga, nem paga as contas. Não, não preciso dela. Quero emprego, grana, bufunfa. Entende? Quero a geladeira cheia. Sinceramente, tô já dando o cu pra arrumar uma grana.

E com essa tua bundinha, ia ganhar um dinheirão!

Filipe me ligou. Soou angustiado. Pediu para ir ao seu encontro. Rabisquei o endereço no verso de uma nota de supermercado que trazia no bolso – cerveja, cigarro, frios e camisinha. Tinha um encontro, mas desmarquei.

Conhecia o endereço, uma rua frequentada por travestis. Passava devagar, tentando não levantar suspeitas e temendo ser reconhecido. Nada de Filipe. De repente, uma travesti acenou em minha direção. Meu ímpeto foi de ignorar, mas como insistia, resolvi me aproximar. Baixei o vidro. Destravei as portas, Filipe entrou.

Um homem faz o que é preciso, disparou à queima-roupa.

Fomos para um motel. Nunca quis ou pensei que estaria num quarto com outro cara. A situação era, no mínimo, desconfortável. Filipe estava agitado, mas não me pareceu envergonhado. Tudo que fazia era pela esposa e pelos filhos. Talvez por isso nunca casei. Esposas traem, te abandonam. Filhos crescem e viram uns ingratos.

Filipe, por que tudo isso? Eu posso te emprestar dinheiro. Tenho umas economias, posso te dar. Não precisava chegar a tanto.

De jeito nenhum, nem aceito, nem vou pedir esmolas. Tenho minha dignidade. Prefiro isso aqui – e apontava para si mesmo – a mendigar o pão para comer. Sei que você entende. Meu amigo sempre teve uma tendência ao drama.

Sentamos os dois na cama. Era tudo muito estranho. Ele era homem demais para desabar e orgulhoso demais para não ir adiante. Conferiu a maquiagem e, pondo as mãos na cintura, perguntou:

Como estou?

Tu tá um traveco feio pra cacete! Sorrimos. Era mentira, sempre fora um homem bonito, com traços simétricos e suaves. Enquanto mulher, também não estava de todo mal. Tinha lá os seus atrativos.

Queria que tu fosse o primeiro. A gente é amigo há muitos anos, me sentiria melhor se fosse com alguém conhecido.

Não soube o que responder. Perguntei o valor do programa, abri a carteira e ofereci o dinheiro, mas não faria mais que isso. Ele insistiu, disse que seria estranho ter a primeira vez com alguém desconhecido. Então, tirou a roupa. Cruzou os braços e olhou para o chão. Era nítido o nosso constrangimento. Num ímpeto, tentou me beijar.

Eu o afastei, mas nos abraçamos por tempo suficiente para vê-lo soluçar.

Este livro foi composto em Meriden, em papel pólen soft,
para a Editora Moinhos, enquanto
Gilberto Gil cantava *Ok ok ok*, em setembro de 2018.